石油石化企业安全风险管控系列 口袋书

后勤服务环节安全风险管控

中国石油化工股份有限公司胜利油田分公司　组织编写

中国石化出版社

内容提要

本书为《石油石化企业安全风险管控系列口袋书》之一。在普及安全知识的基础上，针对工矿企业后勤服务环节，详细描述了在电梯、泵房（泵站）、工（库）房、地面工程、公共设施等场所或设施环节作业所应采取的风险管控措施。

本书采用“十必看”等形式，语言简练，通俗易懂，图文并茂，非常适合工矿企业从事后勤作业的员工作为培训教材使用，也可供从事安全工作的技术人员和管理人员参考。

图书在版编目（CIP）数据

后勤服务环节安全风险管控 / 中国石油化工股份有限公司胜利油田分公司组织编写. —北京 : 中国石化出版社，2020.6

（石油石化企业安全风险管控系列口袋书）

ISBN 978-7-5114-5838-4

Ⅰ. ①后… Ⅱ. ①中… Ⅲ. ①石油企业 – 工业企业管理 – 后勤管理 – 安全管理 – 中国 Ⅳ. ①F426.22

中国版本图书馆CIP数据核字(2020)第085089号

中国石化出版社出版发行

地址：北京市东城区安定门外大街58号
邮编：100011　电话：(010) 57512500
发行部电话：(010) 57512575
http://www.sinopec-press.com
E-mail:press@sinopec.com
北京富泰印刷有限责任公司印刷
全国各地新华书店经销
*
787 × 1092毫米32开本3.75印张58千字
2020年6月第1版　2020年6月第1次印刷
定价：35.00元

《石油石化企业安全风险管控系列口袋书》

编 委 会

《后勤服务环节安全风险管控》

编委会

主　　编： 石磊东　李卫海

副 主 编： 白洪东　高令斌

编写人员： 石磊东　李卫海　高令斌　白洪东　王晓宇
杨　雷　孙丙运　王卫涛　张卫东　张文沛
徐月军　金业海　李玉军　王　勇　刘　军
刘　光　王宪华　周　飞　何江涛　任晓辉
张　蕾　刘友恒　杨　帆　付　文　郎　宝
李卫明　武影影　范秋香　董　梅　王桂栋

序 PREFACE

安全生产，重于泰山。安全生产必须严格执行《中华人民共和国安全生产法》等法律法规，遵循科学规律，压实责任主体，构建逐级风险管控和隐患排查治理“双重”机制，强化高风险作业许可和过程监管，抓细抓实现场安全管理，突出培训教育，从源头遏制各类生产安全事故的发生。

长期以来，石油石化行业深入贯彻习近平总书记关于安全生产重要指示精神，认真落实党中央和国务院重要部署，层层紧抓责任落实，安全生产状况进一步好转。但同时，必须清醒地认识到安全生产形势依然复杂严峻，应牢固树立居安思危、警钟长鸣的防范意识，认真分析新情况、新问题，多角度、全方位探索有效的安全防范措施，稳步夯实安全生产根基，切实保护员工生命健康和安全。

安全生产不仅与作业有关，也与生活密切相关。石油石化下属企业较多，驻地比较分散，既涉及多行业现场生产作业，又涉及生产保障、后勤服务，风险管控的项点多且分散。因此，编写一套石油石化企业安全风险管控指导用书尤为必要。

鉴于此，中国石化胜利油田分公司组织多名有丰富现场安全管理经验和专业技术知识的人员编写了本系列口袋书。本系列口袋书共有三个分册，第一分册主要讲述直接作业环节安全风险管控知识，第二分册主要讲述生产保障作业安全风险管控知识，第三分册主要讲述后勤服务环节安全风险管控知识。相信，本系列口袋书的出版会对各级安全管理人员和操作人员起到一定的学习和借鉴作用。

前言

后勤服务是石油石化系统高效作业密不可分的一部分，它的安全与整体安全生产息息相关。

后勤服务不仅在生活区域存在，有些生产单位设有电梯、工（库）房、公共照明设施，建有假山、喷泉、人工湖、健身器材等基础设施。提供后勤服务的单位所涉及的电梯、泵房（泵站）、工（库）房、地面工程、公共设施等场所或设施，风险点多且较为分散，人员流动性大，关系到整个厂区与千家万户安全，管控难度比较大，需要所有单位齐抓共管、综合治理，持续构建安全的生产生活环境，为石油石化企业的安全发展保驾护航。

本书将后勤服务的主要风险项点，采用 “十必看”的形式，图文并茂，抛砖引玉，希望对所有单位和作业员工在管控风险上，能够起到一定的帮助作用，有效规避不应有的伤害。

目录

01

Chapter One

办公室通用风险管控“十必看”

1. 必看物品摆放是否规范安全，严禁靠近电源、热源等部位堆放易燃物品。

2. 必看是否有物品阻挡消防设施或消防通道（距消防设施1m范围内禁止堆放物品）。

3. 必看是否按要求配置消防器材并定期维护检验。

4. 必看是否在文件橱柜上超高摆放物品，爬高是否使用安全可靠的梯子，挪移办公设备是否佩戴防护用品。

5. 必看文件橱柜取放材料后是否及时关闭门、抽屉。

6. 必看下班后是否关闭办公用电设备、电器电源。

7. 必看是否过载使用大功率电器设备。

8. 必看是否使用不符合标准的电源插头插座，是否使用破损、有缺陷的用电设备。

9. 必看上下楼梯或楼道内行走时是否紧盯手机、不观察环境。

10. 必看进入生产服务现场检查工作前是否穿戴劳动防护用品。

1. 必看物品摆放是否规范安全，严禁靠近电源、热源等部位堆放易燃物品。

2. 必看是否有物品阻挡消防设施或消防通道（距消防设施 1m 范围内禁止堆放物品）。

3. 必看是否按要求配置消防器材并定期维护检验。

4. 必看是否在文件橱柜上超高摆放物品，爬高是否使用安全可靠的梯子，挪移办公设备是否佩戴防护用品。

5. 必看文件橱柜取放材料后是否及时关闭门、抽屉。

6. 必看下班后是否关闭办公用电设备、电器电源。

7. 必看是否过载使用大功率电器设备。

8. 必看是否使用不符合标准的电源插头插座，是否使用破损、有缺陷的用电设备。

9. 必看上下楼梯或楼道内行走时是否紧盯手机、不观察环境。

10. 必看进入生产服务现场检查工作前是否穿戴劳动防护用品。

［案例］某企业办公室工作人员意外伤害事故

事故经过

2013 年 11 月，某企业办公室工作人员站在木凳子上取资料时，不慎将凳子踩翻摔倒，当场昏迷。后经诊治，诊断为腰椎骨折，经鉴定为 5 级伤残。

事故原因

工作人员安全意识淡薄，使用登高工具不当，且橱柜上不应放置物品。

橱柜上不应放置物品，
登高应使用脚踏式人字梯。

02

Chapter Two

公共设施风险管控“十必看”

1. 必看公共照明灯杆是否牢固；接地、检查门、灯罩是否完好，用电线路是否老化。

2. 必看公共厕所地面是否干燥防滑、管网是否牢固、用电线路是否防护。

3. 必看存在高空坠物风险的公共建筑和设施是否牢固、是否张贴安全警示。

4. 必看公共场所配电箱（柜）接地和跨接是否完好、线路是否防护、漏电保护是否安装、箱体是否张贴“有电危险”或“小心有电”警示标识和责任人标识。

5. 必看电动门线路是否老化；醒目位置是否张贴“有电危险”或“小心有电”警示标识；起落杆是否完好牢固。

6. 必看公共池塘、水面、喷泉周边防护栏是否完好；醒目位置“水深危险”“禁止游泳”警示标牌是否张贴。

7. 必看公共健身区域地面是否平整，健身器材是否牢固完好，凉亭、花藤架是否稳固。

8. 必看雨污排检查井盖、雨排箅子是否完好。

9. 必看化粪池盖板是否完好，警示标识是否喷涂。

10. 必看巡查记录是否记录完整。

1. 必看公共照明灯杆是否牢固；接地、检查门、灯罩是否完好，用电线路是否老化。

2. 必看公共厕所地面是否干燥防滑、管网是否牢固、用电线路是否防护。

3. 必看存在高空坠物风险的公共建筑和设施是否牢固、是否张贴安全警示。

4. 必看公共场所配电箱（柜）接地和跨接是否完好、线路是否防护、漏电保护是否安装、箱体是否张贴“有电危险”或“小心有电”警示标识和责任人标识。

5. 必看电动门线路是否老化；醒目位置是否张贴“有电危险”或“小心有电”警示标识；起落杆是否完好牢固。

6. 必看公共池塘、水面、喷泉周边防护栏是否完好；醒目位置“水深危险”“禁止游泳”警示标牌是否张贴。

7. 必看公共健身区域地面是否平整，健身器材是否牢固完好，凉亭、花藤架是否稳固。

8. 必看雨污排检查井盖、雨排箅子是否完好。

9. 必看化粪池盖板是否完好，警示标识是否喷涂。

10. 必看巡查记录是否记录完整。

[案例] 某小区路灯线路漏电居民遭电击伤亡

事故经过

2017 年 8 月，某市连降暴雨，城市内涝严重，小区一居民蹚水外出，行至一道路中间时突感两腿发麻，身体失去支撑跌倒在水中；附近一居民前去施救，也跌倒在水中。经医院抢救，一人死亡，一人受伤。

事故原因

小区路灯用配电箱内无漏电保护器，供电线路发生漏电故障无法自动切断电源，造成路灯附近过水区域带电。

公共设施应常检查。

03

Chapter Three

秩序维护风险管控“十必看”

1. 必看秩序维护工作前是否进行安全教育和风险提示。

2. 必看秩序维护工作前个体防护用品是否规范穿戴整齐；是否检查和备齐橡胶棒、盾牌、对讲机、强光手电等防护用具；是否备齐必需的警示锥或警戒桩、警戒带等警示用品；是否检查电动巡逻警车的安全可靠性能。

3. 必看白天工作时，是否规范穿戴劳动防护用品、佩带防护用具，行走巡逻是否有效规避高空坠物、滑倒磕碰、交通等安全风险；骑自行车或驾驶电动巡逻警车是否有效规避人员密集处交通安全风险。

4. 必看夜间工作时，是否规范穿戴劳动防护用品、佩带防护用具，行走巡逻是否有效规避高空坠物、暗处坑洞磕碰或低矮树枝剐蹭、交通等安全风险；骑自行车或驾驶电动巡逻警车是否有效规避夜间光线较暗处交通安全风险，门卫值班时是否穿戴反光背心。

5. 必看雨、雪、雾等特殊天气巡逻时，是否规范穿戴劳动防护用品、佩带防护用具，行走巡逻是否有效规避高空坠物、滑倒、交通等安全风险；驾驶电动巡逻警车是否有效规避雨雪天气湿滑道路处、雾霾天气能见度低处交通安全风险。

6. 必看室外公共娱乐活动秩序维护时，是否规范穿戴劳动防护用品和佩带盾牌、橡胶棒防护用具，是否合理设置警戒线和应急疏散通道。

7. 必看突发事件处置时，确保自身安全的前提下控制可疑人员，是否规范穿戴制服和防刺背心、佩带对讲机、手持盾牌和橡胶棒；确保自身安全的前提下扑灭初期火灾，是否规范穿戴防火服，行动迅速、灭火程序规范、处置有效；配合专业机构应急处置火灾爆炸事故，是否规范穿戴劳动防护用品，是否快速有效疏散群众、组织外围警戒。

8. 必看小区公共应急通道疏导时，是否规范穿戴制服、反光背心等劳动防护用品，是否佩带对讲机、橡胶棒等防护用具；是否在安全位置疏导车辆。

9. 必看门卫值班室内，配电箱体外是否有安全用电警示标识、责任人标牌，配电箱体内是否安装有漏电保护器、输入（出）线是否穿管保护、端子接线是否规整、裸编制铜线跨接和接地是否完好有效，墙壁开关、插座、照明灯具是否完好和安装牢固，临时插排是否固定使用；灭火器压力是否正常、瓶体是否锈蚀、胶管是否龟裂、登记卡是否半月填写、置放位置是否便于应急取用；应急处置卡是否张贴；橡胶棒、防暴钢叉、藤棍等器械是否配置；电动门、起落杆是否完好。

10. 必看秩序维护工作后，防护用品、警戒用品、交通工具是否完好交接；秩序维护人员是否受到伤害。

1. 必看秩序维护工作前是否进行安全教育和风险提示。

2. 必看秩序维护工作前个体防护用品是否规范穿戴整齐；是否检查和备齐橡胶棒、盾牌、对讲机、强光手电等防护用具；是否备齐必需的警示锥或警戒桩、警戒带等警示用品；是否检查电动巡逻警车的安全可靠性能。

3. 必看白天工作时，是否规范穿戴劳动防护用品、佩带防护用具，行走巡逻是否有效规避高空坠物、滑倒磕碰、交通等安全风险；骑自行车或驾驶电动巡逻警车是否有效规避人员密集处交通安全风险。

4. 必看夜间工作时，是否规范穿戴劳动防护用品、佩带防护用具，行走巡逻是否有效规避高空坠物、暗处坑洞磕碰或低矮树枝剐蹭、交通等安全风险；骑自行车或驾驶电动巡逻是否有效规避夜间光线较暗处交通安全风险，门卫值班时是否穿戴反光背心。

5. 必看雨、雪、雾等特殊天气巡逻时，是否规范穿戴劳动防护用品、佩带防护用具，行走巡逻是否有效规避高空坠物、滑倒、交通等安全风险；驾驶电动巡逻警车是否有效规避雨雪天气湿滑道路处、雾霾天气能见度低处交通安全风险。

6. 必看室外公共娱乐活动秩序维护时，是否规范穿戴劳动防护用品和佩带盾牌、橡胶棒防护用具，是否合理设置警戒线和应急疏散通道。

7. 必看突发事件处置时，确保自身安全的前提下控制可疑人员，是否规范穿戴制服和防刺背心、佩带对讲机、手持盾牌和橡胶棒；确保自身安全的前提下扑灭初期火灾，是否规范穿戴防火服，行动迅速、灭火程序规范、处置有效；配合专业机构应急处置火灾爆炸事故，是否规范穿戴劳动防护用品，是否快速有效疏散群众、组织外围警戒。

8. 必看小区公共应急通道疏导时，是否规范穿戴制服、反光背心等劳动防护用品，是否佩带对讲机、橡胶棒等防护用具；是否在安全位置疏导车辆。

9. 必看门卫值班室内，配电箱体外是否有安全用电警示标识、责任人标牌，配电箱体内是否安装有漏电保护器、输入（出）线是否穿管保护、端子接线是否规整、裸编制铜线跨接和接地是否完好有效，墙壁开关、插座、照明灯具是否完好和安装牢固，临时插排是否固定使用；灭火器压力是否正常、瓶体是否锈蚀、胶管是否龟裂、登记卡是否半月填写、置放位置是否便于应急取用；应急处置卡是否张贴；橡胶棒、防暴钢叉、藤棍等器械是否配置；电动门、起落杆是否完好。

10. 必看秩序维护工作后，防护用品、警戒用品、交通工具是否完好交接；秩序维护人员是否受到伤害。

[案例] 某小区道路交通事故

事故经过

2015 年 5 月 20 日，某小区重要交通道路路口，业主周某驾驶一辆轿车，将途径路边的业主魏某剐蹭摔倒受伤。事后，魏某将业主周某、小区物业公司起诉。业主周某和物业公司败诉。

事故原因

业主周某虽无意伤害，但车速过快，导致事故发生，负主要责任；路边 10km/h 限速牌模糊不清，物业公司负次要责任。

警示或提醒标识要清晰！
10
消防通道
禁止占用

04

Chapter Four

电梯风险管控“十必看”

1. 必看电梯内外呼梯按钮是否完好、层门和轿厢门开启是否正常、平层是否到位。

2. 必看轿厢内“特种设备使用标志”“乘坐电梯温馨提示”“电梯维护保养单位安全服务承诺书”“乘客须知”标识是否齐全；“五方通话”接听是否清晰。

3. 必看轿厢内卫生是否干净，照明和风扇是否正常；电梯上下运行是否平稳；静听轿厢运行是否有异常杂音。

4. 必看电梯机房门是否外开；门外是否设置“严禁烟火”“机房重地闲人禁入”等醒目警示标识；机房环境卫生是否干净整洁。

5. 必看电梯机房内是否公示维保人员信息；《电梯安全操作规程》《机房管理规定》《电梯困人救援规程》《电梯钥匙管理使用

制度》等制度和“电梯平层标识”是否齐全，“电梯机房人员出入登记表”是否填写。

6. 必看电梯机房内设备运转部位防护罩是否齐全牢固；爬梯、踏板、栏杆是否安全牢固；机房通风是否良好、温度是否适宜；应急平层装置电源系统是否完好有效；盘车手轮、开闸扳手是否标明名称，悬挂位置是否便于操作取用；设备设施周边是否设置“黄黑”相间的安全警示线。

7. 必看配电箱（柜）、墙壁开关、灯具、插座是否安装牢固完好；配电箱（柜）是否张贴“有电危险”或“小心有电”警示标识、是否设有责任人标牌、操作区域是否铺设绝缘胶垫、开关防护罩是否齐全、操作按钮是否标识清晰、电路元件和线头是否松动变色过热、输出线是否穿管防护、是否用裸编制铜线安全跨接和接地。

8. 必看电梯机房内应急照明、应急疏散标识是否完好。

9. 必看室内灭火器压力是否正常、瓶体是否锈蚀、胶管是否龟裂、登记卡是否半月填写、置放位置是否便于应急取用；是否符合使用期限标准要求，是否张贴灭火器使用方法。

10. 必看“一梯一档”电梯技术档案资料是否完整齐全（《特种设备使用登记表》；设备及其零部件、安全保护装置的产品技术文件；安装、改造、重大维修的有关资料、报告；日常检查与使用状况记录、维保记录、年度自行检查记录和报告、应急救援演习记录；安装、改造、重大维修监督检验报告；定期检验报告；设备运行故障与事故记录；其他日常运行管理记录）。

1. 必看电梯内外呼梯按钮是否完好、层门和轿厢门开启是否正常、平层是否到位。

2. 必看轿厢内“特种设备使用标志”“乘坐电梯温馨提示”“电梯维护保养单位安全服务承诺书”“乘客须知”标识是否齐全；“五方通话”接听是否清晰。

3. 必看轿厢内卫生是否干净，照明和风扇是否正常；电梯上下运行是否平稳；静听轿厢运行是否有异常杂音。

4. 必看电梯机房门是否外开；门外是否设置“严禁烟火”“机房重地闲人禁入”等醒目警示标识；机房环境卫生是否干净整洁。

5. 必看电梯机房内是否公示维保人员信息;《电梯安全操作规程》《机房管理规定》《电梯困人救援规程》《电梯钥匙管理使用制度》等制度和“电梯平层标识”是否齐全,“电梯机房人员出入登记表”是否填写。

6. 必看电梯机房内设备运转部位防护罩是否齐全牢固；爬梯、踏板、栏杆是否安全牢固；机房通风是否良好、温度是否适宜；应急平层装置电源系统是否完好有效；盘车手轮、开闸扳手是否标明名称，悬挂位置是否便于操作取用；设备设施周边是否设置“黄黑”相间的安全警示线。

7. 必看配电箱（柜）、墙壁开关、灯具、插座是否安装牢固完好；配电箱（柜）是否张贴“有电危险”或“小心有电”警示标识、是否设有责任人标牌、操作区域是否铺设绝缘胶垫、开关防护罩是否齐全、操作按钮是否标识清晰、电路元件和线头是否松动变色过热、输出线是否穿管防护、是否用裸编制铜线安全跨接和接地。

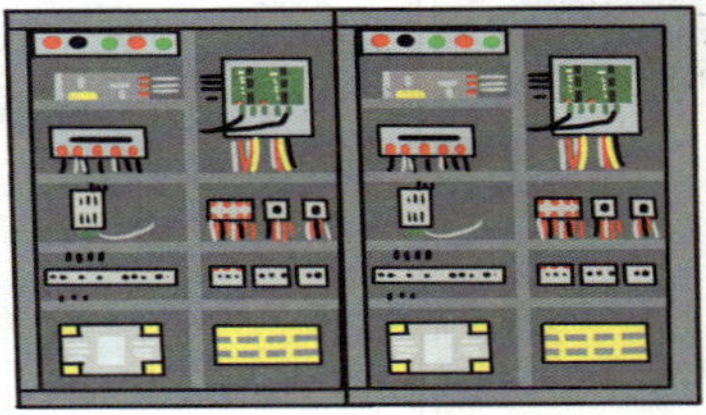

8. 必看电梯机房内应急照明、应急疏散标识是否完好。

9. 必看室内灭火器压力是否正常、瓶体是否锈蚀、胶管是否龟裂、登记卡是否半月填写、置放位置是否便于应急取用，是否符合使用期限标准要求，是否张贴灭火器使用方法。

10. 必看“一梯一档”电梯技术档案资料是否完整齐全（《特种设备使用登记表》；设备及其零部件、安全保护装置的产品技术文件；安装、改造、重大维修的有关资料、报告；日常检查与使用状况记录、维保记录、年度自行检查记录和报告、应急救援演习记录；安装、改造、重大维修监督检验报告；定期检验报告；设备运行故障与事故记录；其他日常运行管理记录）。

[案例] 某公司电梯管理部保洁员坠梯事故

事故经过

某公司电梯管理部保洁员齐某某在所负责的 3 号楼电梯保洁，从 13 层层门进入轿厢门时，不慎跌入地坑身亡。

事故原因

电梯出现故障，到达 13 层时轿厢底高出层门平层；保洁员齐某未观察存在风险，踏空掉入电梯地坑。

10F
电梯故障，禁止乘坐！
立即停梯，拨打维保电话维修。

05

Chapter Five

车棚风险管控“十必看”

1. 必看室内外安全警示标识、制度和责任标识是否齐全完好。

2. 必看室内环境卫生是否干净整洁，车辆是否分类分区置放、是否齐整有序。

3. 必看分区标志线是否完好。

4. 必看室内是否存放燃油、气罐等易燃易爆物品，是否堆放杂物。

5. 必看配电箱（柜）漏电保护是否安装、端子接线是否规整、输出（入）线是否保护、用电安全警示是否张贴、裸编制铜线安全跨接和接地是否完好。

6. 必看墙壁开关、灯具、插座安装是否牢固完好。

7. 必看室内用电线路绝缘保护是否完好。

8. 必看值守人员房间是否存在火灾隐患、是否安全用电。

9. 必看应急照明灯和安全出口标识是否完好；岗位应急处置卡是否张贴。

10. 必看室内灭火器压力是否正常、瓶体是否锈蚀、胶管是否龟裂、登记卡是否半月填写、置放位置是否便于应急取用。

1. 必看室内外安全警示标识、制度和责任标识是否齐全完好。

2. 必看室内环境卫生是否干净整洁，车辆是否分类分区置放、是否齐整有序。

3. 必看分区标志线是否完好。

4. 必看室内是否存放燃油、气罐等易燃易爆物品，是否堆放杂物。

5. 必看配电箱（柜）漏电保护是否安装、端子接线是否规整、输出（入）线是否保护、用电安全警示是否张贴、裸编制铜线安全跨接和接地是否完好。

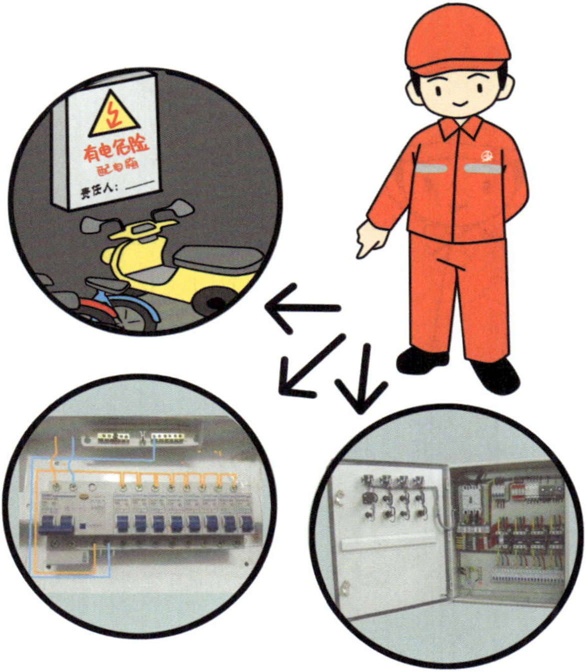

6. 必看墙壁开关、灯具、插座安装是否牢固完好。

7. 必看室内用电线路绝缘是否保护完好。

8. 必看值守人员房间是否存在火灾隐患、是否安全用电。

9. 必看应急照明灯和安全出口标识是否完好；岗位应急处置卡是否张贴。

10. 必看室内灭火器压力是否正常、瓶体是否锈蚀、胶管是否龟裂、登记卡是否半月填写、置放位置是否便于应急取用。

[案例] 某小区车棚电瓶车充电着火事故

事故经过

2013 年 10 月 21 日凌晨，某小区自行车棚一居民电瓶车充电着火爆炸，引燃其他停放车辆。后经多方灭火，未发生人员伤亡，但事故造成直接经济损失 50 万元。

事故原因

电瓶车充电完成后未拔掉电源，电瓶超时间充电起火爆炸。

自行车棚
电瓶车充电应有人看守！
严禁电瓶车超时间充电！

06

Chapter Six

保洁作业风险管控“十必看”

1. 必看保洁作业前，是否进行安全教育风险提示。

2. 必看保洁作业前个体防护用品是否规范穿戴整齐，工器具、警示用品齐全完备无损坏。

3. 必看电梯轿厢作业中，保洁人员是否遵守保洁安全操作规程，警示牌是否置于显著位置。

4. 必看室内楼道保洁作业中，是否遵守保洁安全操作规程；警示牌是否置于楼宇门口；清扫或湿拖楼道时是否注意观察上、下台阶。

5. 必看室内外登高保洁作业中，需要使用梯子时，梯子是否放置稳固；登高作业人员是否做好个体防护；超过 2m 以上高度登高作业，应符合高处作业要求（Ⅰ级：$2m \leq h_w \leq 5m$；Ⅱ级：$5m < h_w \leq 15m$；Ⅲ级：$15m < h_w \leq 30m$；Ⅳ级：$h_w > 30m$。Ⅱ级以上作业期间现场应全程监护，15m及以上应配备通信联络工具），恶劣气象条件（室外温度高于40℃、五级以上强风、雷电、暴雨、大雾等）严禁露天高处作业。

6. 必看室外公共场所保洁作业时，保洁人员注意力是否集中；是否严格按照安全操作流程规范作业；是否设置安全防护和警示标识。

7. 必看室外特殊天气保洁作业时，保洁人员是否严格佩戴劳动防护用品、安全规范作业。

8. 必看使用保洁机器设备作业时，保洁人员是否检查机器设备性能和配件完好；保洁人员在作业过程中是否严格执行设备安全操作规程。

9. 必看消杀保洁作业时，是否做好个体防护和安全警示。

10. 必看保洁作业后，作业场所是否做到“工完、料净、场地清”，是否恢复安全状态。

1. 必看保洁作业前，是否进行安全教育风险提示。

2. 必看保洁作业前个体防护用品是否规范穿戴整齐，工器具、警示用品齐全完备无损坏。

3. 必看电梯轿厢作业中，保洁人员是否遵守保洁安全操作规程；警示牌是否置于显著位置。

4. 必看室内楼道保洁作业中，是否遵守保洁安全操作规程；警示牌是否置于楼宇门口；清扫或湿拖楼道时是否注意观察上、下台阶。

5. 必看室内外登高保洁作业中，需要使用梯子时，梯子是否放置稳固；登高作业人员是否做好个体防护；超过 2m 以上高度登高作业，应符合高处作业要求（Ⅰ级：$2m \leqslant h_w \leqslant 5m$；Ⅱ级：$5m<h_w \leqslant 15m$；Ⅲ级：$15m<h_w \leqslant 30m$；Ⅳ级：$h_w>30m$。Ⅱ级以上作业期间现场应全程监护，15m 及以上应配备通信联络工具），恶劣气象条件（室外温度高于 40℃、五级以上强风、雷电、暴雨、大雾等）严禁露天高处作业。

6. 必看室外公共场所保洁作业时，保洁人员注意力是否集中；是否严格按照安全操作流程规范作业；是否设置安全防护和警示标识。

7. 必看室外特殊天气保洁作业时，保洁人员是否严格佩戴劳动防护用品、安全规范作业。

8. 必看使用保洁机器设备作业时，保洁人员是否检查机器设备性能和配件完好；保洁人员在作业过程中是否严格执行设备安全操作规程作业。

9. 必看消杀保洁作业时，是否做好个体防护和安全警示。

10. 必看保洁作业后，作业场所是否做到“工完、料净、场地清”，是否恢复安全状态。

［案例］某市物业公司保洁楼道业主摔伤事故

事故经过

2012 年 11 月 5 日，某市物业公司保洁员工牛某在湿拖楼道后，该楼道一对老年业主恰好经过，女业主不慎侧滑摔倒，造成骨折。事后，业主将物业公司起诉，物业公司败诉并赔偿医疗费用。

事故原因

该物业公司员工牛某违反保洁作业安全操作规程，未在保洁区域醒目位置置放“正在保洁”“小心地滑”提示牌。

正在保洁
小心地滑

07

Chapter Seven

绿化作业风险管控“十必看”

1. 必看绿化作业前，是否进行安全教育风险提示。

2. 必看绿化作业前，个体劳动防护用品是否规范穿戴；工器具、警示用品是否备齐和合格。

3. 必看绿化机械作业前，设备保养记录是否翔实、是否责任到人，使用前是否做好各项安全检查；操作人员是否充分了解机械的性能特点，并牢记安全注意事项。

4. 必看树木修剪登高作业时，作业人员是否做好安全防护；是否检查作业环境；作业中梯子是否放置稳固，是否有专人监护，现场是否设有安全警示，工器具放置是否适当；绿化垃圾运送时，是否捆绑牢稳。

5. 必看草坪、绿篱修剪作业时，作业地面是否平整；作业区域是否有人捡拾垃圾、杂物；障碍物是否做好标记；同步作业过程中，是否保持一定的安全距离。需要监护人的作业，监护人员是否同时到达现场。

6. 必看病虫害防治作业时，是否提前做好施药告知；作业人员是否做好个体防护并站在上风向；打药机及管线是否完好；药品运输过程中是否安全稳固；作业区域是否设置安全警示；空瓶是否按要求回收；施药结束在喷药区域是否悬挂施药警示告知牌。

7. 必看划锄、除草作业时，作业区域石头瓦砾、枯枝等杂物是否清除，是否设置安全防护和警示标识。

8. 必看树木涂白作业时，作业人员是否做好化学药品的安全防护；在涂白剂的配比过程中是否做好个体防护和环境保护；涂白作业过程中，是否做好环境卫生保护。

9. 必看绿化浇水作业时，检查浇水设施是否存有跑冒滴漏现象，水龙带对接是否牢固；现场是否放置安全告知牌；冬灌后积水地面，是否放置防滑倒等安全警示牌。

10. 必看绿化作业后，场地是否做到“工完、料净、场地清”，是否恢复安全状态。

1. 必看绿化作业前，是否进行安全教育风险提示。

2. 必看绿化作业前，个体劳动防护用品是否规范穿戴；工器具、警示用品是否备齐和合格。

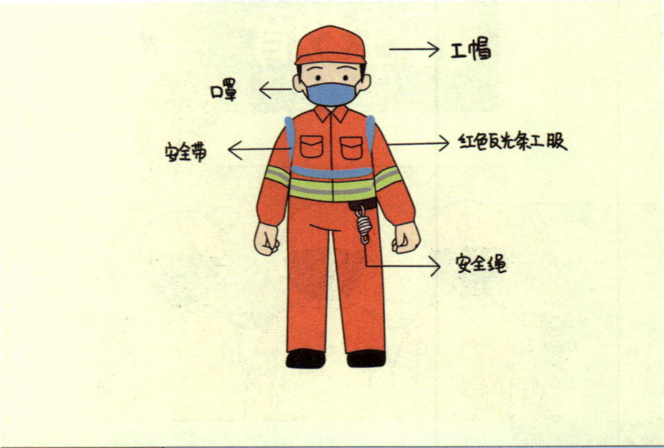

3. 必看绿化机械作业前，设备保养记录是否翔实、是否责任到人，使用前是否做好各项安全检查；操作人员是否充分了解机械的性能特点，并牢记安全注意事项。

4. 必看树木修剪登高作业时，作业人员是否做好安全防护；是否检查作业环境；作业中梯子是否放置稳固，是否有专人监护，现场是否设有安全警示，工器具放置是否适当；绿化垃圾运送时，是否捆绑牢稳。

5. 必看草坪、绿篱修剪作业时，作业地面是否平整；作业区域是否有人捡拾垃圾、杂物；障碍物是否做好标记；同步作业过程中，是否保持一定的安全距离。需要监护人员的作业，监护人员是否同时到达现场。

6. 必看病虫害防治作业时，是否提前做好施药告知；作业人员是否做好个体防护并站在上风向；打药机及管线是否完好；药品运输过程中是否安全稳固；作业区域是否设置安全警示；空瓶是否按要求回收；施药结束在喷药区域是否悬挂施药警示告知牌。

7. 必看划锄、除草作业时，作业区域石头瓦砾、枯枝等杂物是否清除，是否设置安全防护和警示标识。

8. 必看树木涂白作业时，作业人员是否做好化学药品的安全防护；在涂白剂的配比过程中是否做好个体防护和环境保护；涂白作业过程中，是否做好环境卫生保护。

9. 必看绿化浇水作业时，检查浇水设施是否存有跑冒滴漏现象，水龙带对接是否牢固；现场是否放置安全告知牌；冬灌后积水地面，是否放置防滑倒等安全警示牌。

10. 必看绿化作业后，场地是否做到“工完、料净、场地清”，是否恢复安全状态。

［案例］某公司农药中毒事故

事故经过

2016 年 7 月 10 日上午 10 时，某公司绿化项目部绿化工刁某、周某实施绿化树木打药作业，作业过程中，刁某晕倒在地，经送医诊断为农药中毒，无生命危险。

事故原因

刁某安全意识淡薄，未有效做好个体防护，未佩戴遮阳帽、防护手套，衣袖、领口未扎紧，皮肤裸露中毒。

请佩戴齐全劳动防护用品!

08

Chapter Eight

绿化设备工（库）房风险管控“十必看”

1. 必看门、窗是否通风，通风后方可进入。

2. 必看室内环境卫生是否干净整洁、物品分类分区置放是否整齐有序。

3. 必看室内是否存放燃油、气罐等易燃易爆物品。

4. 必看室内外安全警示标识、制度、责任标识是否齐全完好。

5. 必看设备周边是否设置“黄黑”相间的安全警示线。

6. 必看设备长期停用时燃油是否排空，锋利部件是否防护。

7. 必看设备是否定期清洁、润滑、调整、紧固、防腐。

8. 必看配电箱安全用电警示标识是否张贴、跨接是否完好、输出（入）线是否保护；墙壁开关、插座是否完好。

9. 必看岗位应急处置卡是否张贴。

10. 必看室内灭火器压力是否正常、瓶体是否锈蚀、胶管是否龟裂、登记卡是否半月填写、置放位置是否便于应急取用。

1. 必看门、窗是否通风，通风后方可进入。

2. 必看室内环境卫生是否干净整洁、物品分类分区置放是否整齐有序。

3. 必看室内是否存放燃油、气罐等易燃易爆物品。

4. 必看室内外安全警示标识、制度、责任标识是否齐全完好。

5. 必看设备周边是否设置“黄黑”相间的安全警示线。

6. 必看设备长期停用时燃油是否排空，锋利部件是否防护。

7. 必看设备是否定期清洁、润滑、调整、紧固、防腐。

8. 必看配电箱安全用电警示标识是否张贴、跨接是否完好、输出（入）线是否保护；墙壁开关、插座是否完好。

9. 必看岗位应急处置卡是否张贴。

10. 必看室内灭火器压力是否正常、瓶体是否锈蚀、胶管是否龟裂、登记卡是否半月填写、置放位置是否便于应急取用。

[案例] 某公司绿化设备库房火灾事故

事故经过

2014 年 12 月 15 日 15 时，某公司绿化设备库房发生火灾。经调查，明敷用电线路未穿管保护，老化连电产生火花；库房内存放绿化机械废弃燃油和废纸箱，遇到火花后引燃。经扑救，烧毁绿化设备 10 台，直接经济损失 30 万元。

事故原因

库房用电线路老化；违规存放易燃可燃物品。